깊어지는 집

국립중앙도서관 출판예정도서목록(CIP)

깊어지는 집 : 백순옥 시집 / 백순옥 [지음]. -- [대전] :
지혜, 2017
p. ; cm. -- (지혜사랑 ; 177)

ISBN 979-11-5728-243-2 03810 : ₩9000

한국 현대시[韓國現代詩]

811.7-KDC6
895.715-DDC23 CIP2017017510

지혜사랑 177

깊어지는 집

백순옥

지혜

시인의 말

기억들을 보낸다.
떠나지 못한 얼굴들을
이제야 보낸다.
혹여 다시 찾아온다면,
반가이 맞아줄 수 있을까…

2017년
백순옥

차례

2부

3부

4부

• 일러두기

한 연이 첫 번째 행에서 시작될 때는 > 로 표시합니다.

1부

귀 좀 빌려주세요

산수유 나뭇가지에 이어폰 하나 걸려 있다
까만 줄 바람에 흔들린다
봄에 피었던 꽃의 노래라도 듣는 걸까

사흘째
나흘째
……

밤새 함박눈이 내려 가느다란 줄에 눈꽃이 피었다
노래를 잃어버린 사람은
어느 어두운 눈길을 걸어갔을까

아이들은 눈사람을 만들고
콩새들은 음표 닮은 빨간 열매를 들어 올린다
눈가루가 후렴처럼 날린다

한쪽이 쑤욱 길어져 눈사람 쪽으로
조금 더 귀를 기울이는 이어폰
나뭇가지마다 파란 귀가 생겨나고 생겨나고

어두워질 때

한창일 때 왔으면 참 좋았을 텐데
몇 번이나 꽃 이야기를 하는 친구
언제부터 어디까지가 한창일까
나뭇잎이 꽃잎이 줄다리기를 했을까
어느 한 쪽으로 자꾸 밀려가는지 끌려가는지
꽃길에 들면 자주 나를 잃어버리곤 한다
쯔—비 쯔—비 쯔쯔비
박새가 나무 둘레를 낮게 날아간다
길이 새소리에 묻힌다
돌아보면 달라지는 색깔

마른 꽃잎을 밟으며 우리는 말이 없고
먹물이 한지에 스미듯
주위가 더욱 짙어 진다
해지기전에 보지 못했던 먼 곳의 나무들이 보인다
같은 쪽을 보고 다른 꽃을 생각하고
같은 새소리를 듣고 다른 나무를 떠올린다
잠시 머무는 빛에
새소리가 점점 깊어진다
쯔—비 쯔—비 쯔쯔비

막장

빛바랜 대문을 나서는데
바쁘게 뒤따라 나오는 엄마

마지막 장이야
이젠 콩 농사도 못 짓겠어

물 묻은 손으로
부적 붙이 듯 안겨주는 막장
꾹꾹 누른 손자국에 장물이 고인다

단지 속의 보이지 않는 냄새
점점 어두워지며 익어가는
엄마의 엄마 때부터
액땜으로 끓여먹는 막장

내가 첫아이를 유산했을 때도
동생 승윤이가
서른아홉에 죽었을 때도 끓여먹은

엄마의 부적과 함께 해안도로를 달린다
천곡泉谷동 앞바다가 해송사이로
오랫동안 흰 손을 흔든다

만두채반이 쌓이는 풍경

세림 약국 앞 현이네 만두집
손님 없는 가게에서 종이학을 접듯
만두를 빚고 있는 남자

밀가루처럼 날리는 딸아이 웃음소리와
묵은지에 두부를 으깬
붉은 살 속에 푸른 부추를 섞어
만두를 빚고 있다

청구서가 쌓여가듯
채반이 쌓여간다
쉭쉭 뜨거운 김 속에서
만두들은 맛있게 익어가고

불꽃을 낮추는 남자의 등 뒤에
함박눈이 내린다

젖을 떼다

비가 온다
가까이 다가온다
어깨도 발도 보이지 않는데
점점 커지는 울음

뒷집 담을 넘어 다가온다
풋감 떨어지는 소리 사이로
젖은 감잎을 흔들며

불은 젖이 새듯
유리창으로 흐르는
강아지 울음

양버즘나무를 읽다

노란 링거병을 꽂고
허리가 아파 폐지도 못 줍겠다는 그녀

늦가을 햇살이 손등에 잘랑거린다
갈색 저승꽃이 피어나고
비문증을 앓는 눈앞으로 흰나비가 날아든다

창을 사이에 둔 나무가 치료실을 기웃거린다
휘어지고 옹이 박힌 어깨 위에
빛살이 내리고

몸통 가득, 링거액이 출렁거리고
비와 바람이 적어 놓은
얼룩무늬의 저 비문祕文들
오늘은 남서쪽으로 점점 진해지는 필체다

눈썹부터 어두워지는 가을
바람이 굽은 등을 더듬어 지나가고

나무는 제 가슴에 쓰인
흉터 모양의 문장들을 가만히 들여다본다

칡넝쿨 가계도

듬성듬성 남은 잎사귀
푸우 푸우
잠자는 아버지 숨소리를 낸다

밤을 지새운 턱수염 같이
거뭇거뭇한 휴일
죽은 승윤이가 걸어가던 골목 쪽으로 기운다

속눈썹이 긴 눈망울
담장엔 이끼 닮은 바람이 살고
아직도 어룽어룽 그림자가 지나간다

저쪽 언덕까지 세를 불린 넝쿨
햇살이 짧아지자
콩새들이 들락거린다

논두길로 저녁이 길게 눕고
새로 이사를 오나보다
마당 가득 쉬었다 가는
새소리가 붉다

시집

칼자국이 빼곡한 도마다
허공에서 내려 찍힌 빗금들
조릿대 숲을 이룬다

직선의 칼자국도
둥근 양파의 기억으로 붙잡고 있다
어둠 속에서 낮게 울먹인다
차갑고 매운 자국들

햇볕에 내어 말린다
칼자국 끝까지 빛 가루가 스며든다
골 깊은 곳에서
늦도록 마르고 있다

숲은 더욱 울창해진다
다시 젖고 또 마르고

여적암* 가는 길

어디서 날아 온 걸까
검정 비닐을 몸통까지 휘감고
서있는 감나무

비바람이 저들의 내장을 가져가버려
텅 빈 이름으로 말라가는

지난 해 배꼽 떨어진 감들이
없는 눈동자로 올려다보고 있다

검은 만장 휘날리는 그늘에
노을이 한참을 울다 간다

수풀에 있던 꿩 한 마리
저녁의 얼룩 속으로 날아간다

어미의 아린 눈길로
암자의 골짜기를 넘는 구름

* 속리산 내의 비구니들이 정진하는 암자.

일신관 배달원

엘리베이터가 한층 한층 올라간다
3층에서 한 마디
5층에서 한 마디
6층에서 한 마디
8층에선 꼬리를 잘라놓고 내린다
9층에서 한 마디
10층 11층 12층……
엘리베이터 문에
꼬리를 잘리고 잘리고도
생생한
지독한 놈
17층까지 끈질기게 나를 따라온다
갈색 꼬리를 길게 달고
거머리처럼

보름사리

만삭의 배를 안고
소금물 끓여 생감을 담근다
감꽃 진자리마다 남은 탯줄 자국

장판 눌은 아랫목에 이불 두른 항아리
그 곁에 나란히 눕는다

항아리 속 어두운 바다에서
몸을 뒤척이는 감들
떫디떫은 시간 고요히 삭힌다

미지근한 잠결 따라
밀려갔다 밀려오는 파도
울음주머니 길게 달고

문득, 저 깊은 곳으로부터
한 뼘 한 뼘 다가오는

심장초음파

초음파 사진 속
우중충하게 가지 뻗은 단풍나무가 보인다
이파리가 없다

내가 걸친 환자용 가운엔
단추 하나가 없다
어제 검사 받은 사람
그 발소리를 따라 갔을까

창밖의 단풍나무 아래가 붉다
잎 하나 또 떨어진다
저 잎사귀 따라
단추는 단추는 어디로 가고 있을까

짝을 잃은 구멍에 손가락을 끼워 본다
겁먹고 부어 있는 가슴
손끝으로 울려온다
물관을 타고 오르는 물소리

Time 아이스크림 가게

저녁이 얼기 시작하자
사람들은 길게 줄을 서서 기다린다
체리쥬빌레 피스타치오 아몬드봉봉

단풍나무 같이
통 안에 켜를 이룬 시간들
베리베리스트로베리
그녀가 담아 주는 한 시간

야간진료 성모병원을 지나간다
빨리 응급실로 옮기지 못해 죽은 정원이는
눈 오는 저녁 무슨 꿈을 꿀까

퀵 오토바이가 바람을 몰고 간다
아이의 손짓같이 날리는 눈발
체리쥬빌레 찬 손등을 가만히 잡는다

빗방울 전주곡

저 아래
분홍우산 하나 가고 있다
따박따박

노란색 머리핀에
분홍색 볼을 하고
따박따박

영산홍 꽃밭 지나
쥐똥나무 울타리 지나
따박따박

우산 위로 똑 또록, 빗방울 떨어지는
은행나무 지나
따박따박

유치원을 향해
문방구와 빵집을 지나
따박따박

명암지의 저녁

벚꽃나무 아래
검은 안경을 낀 남자와 누런 개가 앉아있다
구릉 같은 개의 등줄기를 쓰다듬는 손

호수의 암청색 눈이 출렁인다
웨딩카의 풍선이 날아가고
어미 오리가 찰방찰방 새끼들을 이끌고 지나간다

벚나무가 점점 어두워지며
물 속 깊이 발을 담근다

몇 개의 허기진 강을 건너오는 동안에도
볼 수 없었던
밥알 같은 꽃잎들

안내견이 남자의 손등을 핥는다

속도계

자동차 계기판 바늘이 흔들린다
어느 숫자도 가리키지 못한다
어디에도 머물지 못한다

봄 햇살 속을 깜깜히 지나는 동안
나는, 나는
봄은, 봄은

바늘이 떨리듯 피었다지는
진달래
벚꽃
미선나무
먼 허공, 산비둘기소리 퍼진다

ON

꽁, 풀숲에 버려진 텔레비전이 기울어진 어깨를 끌어 올린다 오랜만에 맘에 드는 영상을 만나 큐 싸인을 낸다 카메라 담당은 사향나비다 영산홍은 살짝 고개를 돌려 모두 얼짱 각도다 붉은 볼에 주근깨 몇 개쯤이야

인터뷰를 맡은 벌들이 바쁘다 이 꽃 저 꽃에 더듬이 닮은 긴 마이크부터 들이 댄다 꼬리를 낮게 내리고 기웃거리던 얼룩 고양이가 앞발로 툭, 카메라를 건드려 인터뷰가 잠시 중단되었다 부르르 부르르 허공까지 떨리는 벌들의 전화다 진동모드라니, 영산홍의 입술이 얇게 떨린다

꽃들은 아지랑이에 부신 눈을 감는다 화면이 흔들려 텔레비전은 다시 큐 사인을 낸다 부르르 부르르 봄을 중계하는 벌들, 사향나비들의 카메라가 일제히 돌아간다 이산 저산에 팡 팡

2부

뜻밖의 선물

꽃집을 지나오는데
이거 갖다 꼽으세요

투명 비닐에 쌓인 장미 한 송이
창백하고 가느다란 목덜미

몇 번의 가위 날을 견뎌내어
이 꽃은 장미가 되었을까

또각또각 잘라낸 몸속에서
옮게 저물어가는 살 냄새

오동나무 부부

헐거워진 문짝
나사를 맞춰본다

양각으로 새겨 넣은
장미꽃에 벌레 구멍이 생기고부터
문 여닫을 때마다 삐걱거린다

결 마다 가득하던
냄새를 잃고 소리를 얻었다

자글자글 끓던 찻물이 미지근해지는 오후
창틀로 들어오는 햇살

서로를 당기던 힘을 놓고
장롱의 나이테를 맴돌고 있다

안녕, 소나무

오래된 햇빛이 붉게 물들어 있다
봄 눈사태에 몸통이 베어진 채
나이테 환히 드러난 소나무
엉덩이를 반쯤 흙 속에 묻고 있다

긴 줄의 이름표를 목에 달고 자주
집 앞에 나앉아 있던
영미 엄마 같다
딸 이름까지 잊어버린

그곳엔 무슨 꽃이 피었을까
지금은 어느 나무 아래를 지나고 있을까
섬초롱 은방울꽃 부채붓꽃
짐작조차 할 수 없는 봄

눈 속에 차오르는 선연히 붉은 껍질
나이테를 따라 영미가 눈 속을 걷고 있다

대설 1

— 깊어지는 집

눈 내리는 마당에
막장을 푼 미역국이 끓고 있었다
끓일수록 깊어지는 집

사나흘 눈이 내려 대관령은 고립되고
승윤이는 갔는데
눈발은 아흔 아홉 구비를 돌아서 오는
저녁기차 같다

작게 움츠러든
올케의 상복 입은 어깨

씨는 남겼는가
집안 어른들 소리 장국 냄새에 스미고

산그늘 속에서 올케는
하얀 달거리를 시작하고 있었다

복작노루*

내리막길을 돌자
고라니 한 마리 곤한 잠을 자는 듯 누워있다

저 멀리 34번 검은 국도를 따라
자동차 불빛들
어두운 빌딩 숲으로 물결쳐 간다

단잠에 든 주검
소나무가지는 가늘게 울고
신음소리 하나 흐르지 않는 캄캄한 몸

밤은 울음이 엎질러진 고라니처럼 차고
바람이 내 무릎을 핥고 지나간다

* 고라니의 다른 이름.

봄, 코를 빠뜨리다

잠에 취한 봄 햇살
목련 색 짧은 치마 입은 5번 좌석 아가씨
살색 스타킹 올이 나가고 있다

살짝 솟은 코가
쏙, 햇살 속 물방울 하나 잡아내자
미세하게 시작하는 물줄기
덩달아 옆줄도 흐른다

저 끝에 둑을 쌓듯
구두의 은색지퍼가 이를 악물고 있다

흰 구름의 징검다리 같은 하우스 촌을 달려
매화향기도 직진으로 통과하고
버스는 청주 톨게이트를 들어서는데

벌떡 일어서는 목련 치마 목소리
아저씨 이 버스 광주 가는 거 아니였어요?

들숨 날숨

베란다 구석
辛라면 박스 속에서
감자가 여린 줄기 곧게 뻗는다

어두운 땅 속으로 가기 위해
좀 더 밝은 곳으로 손을 내민다

물이 찬 복수 끌어안고
밤마다 창가에 와서 불렀을 텐데
안으로 안으로만 향해있어
듣지 못한 내 귓바퀴

밀어내는 마른 손
다시 밀어내며 소변 통을 갖다 댄다
아린 생명줄 아래

클클
웃고 있는 아버지의 고환

버스 50-1

청운중학교 앞에서 버스가 서고
도시락 가방을 든 여자를 따라
겨울바람이 우르르 올라탄다
가방을 건네주고 종종걸음으로
멀어지는 기사의 아내

설날 오후
도시락은 운전석 옆에서 식어 가고
버스는 '명절 휴일' 붙은 상가를 지나간다

몇 개의 승강장을 지나도 타는 사람은 없고
계속 혼잣말하는 라디오

햇살의 등이 굽어지고
버스는 다시 소망빌라 승강장으로 돌아온다
차가운 바람은
내 코트 자락 속으로 파고들고

긴 잠

한 뼘의 실뿌리를 헤집자
비릿한 풋내 콧속을 파고든다
몸속에 무거운 잠을 재워 둔 달래

오래전 그날 둥근 내 아기집에
꽃 지는 소리
슥삭 슥삭 서늘하게 스치고

어디까지 갔다 왔을까
차갑고 짧게 끝나버린 긴 잠

냉기 빠진 흙 한 움큼 들어낸다
왈칵, 쏟아지는 하얀 알뿌리들
고물고물 겁먹은 빛

언제 베였을까
손톱 밑이 초저녁 유성처럼 아리다

고욤나무가 있는 마당

뉘여~
수화기 너머 그 소리 못 들은 지
몇 달이 되었다

소리를 듣기 위해 눈을 들여다보는 일은
처마 끝 고드름처럼 두렵다
메마른 팔다리
옷을 갈아 입혀도 이불깃만 잡고 있다

한나절 내내 벽지 꽃무늬에 골똘하다
옅은 햇살 속에 드문드문 날리는 눈발
느리게 돌아오는 아버지 목소리 같다

저녁이 되자 마당가 나무 그림자
방문 쪽으로 기울고
된서리에 작아지는 고욤
눈에 고인 까만 눈물 같다

영동 가는 길

내비 너도 헷갈리나 보다
누런 호박 줄기와 농가의 마당을 지나
빙빙 물웅덩이의 낙엽처럼
제자리를 몇 번째 맴돌고 있다

좌회전 후 사과나무 옆에 차를 세운다
개들이 앞발을 들고 컹컹거리며
멀미나는 길이라도 떠메고 갈 기세다

무슨 일인가 싶어 금적산 단풍이
빠른 걸음으로 내려오고

사과껍질처럼
툭 툭
끊어지는 농공단지 조성 길

사과나무 붉은 길 따라
가을도 돌고
나도 돌고

개똥벌레

한순간 빛났던 어둠은 더 어둡다
외진 밭둑을 지나 골똘한
작은 빛

다시 깜박
짧은 순간은 더 맑다
주위는 더욱 또렷하게 어두워지고

가슴을 내밀어도 친구가 없네~
생전의 막내 이모가 부르던
노랫소리 따라
반짝, 느낌표가 뜬다

멀리 갈대들 살 스치는 소리
나무들은 점점 넝쿨이 되어 뻗어가고
어둠에도 새롭게 높낮이가 생긴다

나나 나나나~
이모의 물방울머플러 바람에 날리 듯
밤하늘에 점을 찍는다
깜박, 깜박

괭이밥

춘란 화분에 괭이밥이 핀다
자꾸 노란 금줄을 친다

난의 뿌리를 꼭 잡고
새끼 고양이처럼 발을 내민다

창가를 지나가던 어미고양이
휙, 돌아본다

괭이눈에 반짝 핀다
노란 꽃

무허가 집 1

나뭇가지 끝 빗방울이 정수리를 때린다
아카시아 나무
옹이 같은 빈집 하나 품고 있다

내 늑골 한 가운데에도
작은 집이 생겼다
의사는 커서를 끌어와
빈 집 처마 밑에 줄을 긋는다

방울새라도 들여야 하나
상처 난 어둠이
날개를 접은 채 자고 있다

저녁이 빈집의 등을 어루만진다

주문을 걸다

봄날 오후
방송국 야외 녹화장에서 시 낭송을 듣는다
알리를 닮은 사회자는 발끝을 까딱거리고
출연자들의 발은 의자 다리를 치며 앞뒤로 흔들거리며
어디를 가는 모양이다
나는 팝콘처럼 터지는
시 낭송을 들으며 발들을 바라보는데

파킨슨병을 앓는 그녀가 생각났다
집 나간 남편 대신 형제를 키웠는데
너무 급하게 살았는지
어느 날 짧은 보폭의 파킨슨씨가 찾아 왔다고
한 발 한 발 옮길 때마다
어두워지는 발에게 주문을 건다고
천천히 가자 천, 천, 히

나도 발들을 따라 간다
나무사이로 난 들판에는
민들레 개별꽃 제비꽃
아픈 발자국 모양으로 피고 있다

능소화 1

창문 많은 집 마루 끝 방에는 차르륵 차르륵 마작 소리가 빛났다 외할아버지는 하루 종일 좋은 패를 찾았다 새 할머니는 초록색 투피스를 입고 까만 구두를 신고 왔다 안개꽃 무늬 양산을 돌리며 왔다 외할아버지 백구두와 까만 구두는 잘 세워 놓은 마작 같았다 하지만 이번 패도 오래 가질 못했다 할머니들이 다시 가기를 몇 번, 그때마다 논밭은 줄어들었다 다섯 번째 할머니는 석 달 만에 논 여섯 마지기를 가져갔다지, 할머니 자리란 어떤 운을 숨긴 패일까

기철 엄마는 풍이 온 외할아버지 입에 밥을 떠 넣었다 이제 남은 건 텃밭 딸린 집과 기철네 뿐이다 마지막으로 외할머니 자리를 지키는 키 작은 기철 엄마, 창문 닦는다고 매달려 덜컹덜컹 팔자타령을 한다 장마가 끝나던 날 기철네가 떠나간다 담장 밖으로 고개를 내민 꽃들이 깔깔깔 모자를 배웅한다 대나무 문발이 저녁노을을 써레질한다

한 차례 비

넝쿨장미 울타리를 도는 검은 자동차
빠앙~

다리를 절룩거리며 지나가던 고양이
순간 공중제비로
장미 속에 꼬리를 감추고

후두둑 떨어지는 빗방울

허공으로 지는 꽃잎들
헛 헛,
찍히는 붉은 발자국

정하연립

상추꽃이 피었다
아직 철거되지 않은 다-101호 앞
색 바랜 플라스틱 통에
한 장 한 장 넘치는 초록기억들

한쪽이 끊어진 빨랫줄이 남았다
앞집 미선이가 쓰던 산수 공책이 남았다
스티로폼 상자엔 흰 연탄재만 가득 담겼다

한 계단 한 계단 올라서는 꽃대
끊어지는 햇살을 이어가며
꽃망울을 맺고 있다

오후의 긴 팔은
햇볕을 노랑 노랑 엮어 지붕을 올리고
지금은 없는 창문으로
된장찌개 냄새와 아이 웃음소리 새어 나온다

3부

여우비

낮잠 자던 고양이가 갸웃
담장 뒤로 사라진다

나무들이 귀를 쫑긋
그림자를 바로 세운다

겹쳐진 나뭇잎 사이 묽은 바람 지나간다

창문을 닫을까
발걸음이 빨라지는 빗방울들

무지개 파라솔 위로
바짝 엉덩이를 세우고 가는 새침데기 여우

꼬리 아래 한낮이 숨 고르고 있다

석류나무 아래 꼭꼭 찍힌
꽃 발자국

마들*에서 쓰는 편지

망상 바닷가 휴게소에
하마 같은 '소망우체통' 하나 서 있다

큰 입속으로
소망을 넣는 사람 하나 보이지 않고

고속도로를 훑고 온 바람만
뜨거운 입김 쏟아 넣는다

멀리 수평선에서 백사장으로
끊임없이 밀려드는 흰 깃발들

해송들은 쏴아아 쏴아 밀려오는
함성을 받아 적는다

저 마르고 굽은 나무들
오래전 죽은 군사의 손가락을 닮았다

* 망상의 옛 이름. 군사들이 말을 기르고 훈련을 하던 들판, 마평馬坪이라고도 했다.

대설 2

우리 집은 대장간이 있던 자리에 지어졌다
바람이 심하게 부는 날이면
마당가 돌무더기에서 망치소리가 들렸다
가끔 호미 얼굴의 눈뱀이 지나가고

승윤이는 부러진 팔에 쇠막대를 넣었다
점쟁이 말대로 이름을 바꿔 불렀지만
급성 뇌출혈로 쓰러졌다

돌 속에서 부러진 칼, 호미 끝이 나왔고
엄마의 눈물 섞인 혼잣말이
붉게 녹스는 집
마당으로 돌무더기 같은 함박눈이 내렸다

눈은 눈을 숨겼고
저녁 8시의 어둠은 흰 까마귀가 되었다

동생 제사를 지내고 돌아오는 밤이면
차가운 바람 속에서 쇠 냄새가 난다
땅 땅
돌멩이들이 망치소리를 내며 따라온다

간병의 계절

신축 아파트 그림자가 검은 숲을 키운다
크레인 소리에 밤마다
돌아누워 기침을 하는 집

현관문을 오래 들여다보던 달빛
집의 이마에 가만히 손을 얹는다
한 쪽 무릎 접힌 듯
내려앉은 추녀 끝

갈라진 벽을 따라
담쟁이가 한 뼘 한 뼘 가고
회색의 기와 결을 따라
살갗을 더듬어 내려오는 소리

똑
똑
똑
밤새 수액을 맞는 집

뒷뚜루* 댁

큰집 숙모는 늘 새댁이었어요
꽃잎 지듯 울곤 했어요

홀시아버지와 남편을 보내도록
마당 가득 뭉게구름 같은 목단만 가꿨어요

나무마다 태어나지도 않은 아기들
이름을 지어 줬어요

뒷뚜루 댁
혼자 죽은 지 삼일 만에 발견됐어요

식은 몸 위에
수의를 입히며 떨어지는 꽃잎들

숙모가 머물던 자리
햇살이 노란 꽃가루를 뿌려요

* 동해시 북평의 옛 이름.

곁이라는 말

길고양이가
강아지 집에 새끼를 낳았다
털끝이라도 건드릴까 날 선 숨소리

엉겨있는 새끼 고양이들
작은 웅덩이 같다

죽은 새끼의 입을 핥아주는 어미 고양이
선홍빛 혓바닥에서 새어 나오는 물소리

물소리, 물소리

배롱나무 마른 가지에 작은 꽃이 피었다
반짝

나무를 타고 오르는
새끼 고양이 울음

탑동로 67-1

비탈길에 무릎을 괴고 앉아 있는
노인 같은 집
등뼈가 왼쪽으로 기울어졌다
녹슨 철사로 걸어 잠근
대문의 이마가 수척하다

길들이 수군거리며 지나가고
집의 눈빛 닮은 석류꽃이 핀다

작은 텃밭에
방방을 타는 아이들
지붕을 넘던 웃음소리 처마 끝에 매단 채
빈집의 수의를 짜는 거미

고양이가 어둠을 물고 사뿐 담장을 넘는다
하얗게 떨어진 석류꽃 속
사잣밥처럼 식고 있다

터널

동갑내기 이모 장례식장 가는 길
둔덕 아래로 물소리가 따라온다

원추리 꽃이 물안개 속에서 환하게 휜다
다시 볼 수 없는 이모의 웃음 같이
노랗게 다가왔다 멀어진다

진부 터널을 지날 때 엄마는
막내 동생 이름을 낮은 울음으로 삼키고
아이들은 숨 오래참기 게임을 한다

구름의 등뼈 같은 터널을 나오자
울음소리를 쓸어내듯
반대편으로 쉭쉭 달려가는 자동차
푸후 푸후 참았던 숨을 내뱉는 아이들

원추리 노란 숨소리 맴을 돌고
계곡 물소리가 지나온 길을 지운다

아메드의 휴일

농공단지 사무실에 전화벨이 울린다
부음처럼 창문이 흔들리고

길 건너 pvc 공장에서 라디오 소리 들린다
검은 얼굴의 외국인 노동자
혼자 벽에 기대어 담배를 피운다

어젯밤에 죽은
아메드를 닮은 낮달이 떠 있다

제 그림자를 보고 짖는 강아지
말라 있는 밥그릇
길을 닦고 있는 목줄

pvc 배관 더미 사이
낮달맞이 꽃
조등처럼 흔들린다

살구꽃 지다

깊은 밤 어디선가 진동 벨이 울린다
어두운 벽을 타고
한 잎 한 잎 떨어지는 소리

누군가 먼 어둠 속에서
전화기를 들고
빈 나무처럼 서 있을

저 소리, 오래오래 들은 적 있다
전화선 따라 둥글게 말려들어간
자주 앓아 목이 뜨겁던 말
진동 사이를 흘러간다

나무는 어둠 속에 저를 가두고
창밖으로 환하게 떨어진다
혼잣말 같은 꽃잎

잃어버린 장갑

마른모래를 끌어안고 있는 나룻배
사이다 콜라 빈 병들
호숫가 물풀 사이를 떠돌고

젖은 모래톱이 돌려보내는 물살 물살
다시 돌아오네

물속에 켜를 이룬 낙엽들 사이
장갑 한 짝이 손가락을 펼쳐 보이네

굳은 살 박힌 손을 비비며
이 놈의 배 이 놈의 배
숨을 쉴 때마다 기침을 하는 어부

안개가 그물 손을 어루만지네
마른 눈썹같이
능선 위를 날아가는 저녁 새들

붉어지는 삼나무 숲
아내의 거칠었던 손등을 어루만지듯
어부가 뱃전을 쓰다듬네

뿌리뜸 승강장

버스는 오지 않고
도로 옆 감나무 가지 끝에
막 빠지려는 홍시 하나

젓꼭지를 문 채
잠에 빠져드는 아이 볼처럼
허공 속으로 천천히 흐르는 감빛 숨결

새들의 날갯짓에도
아이들 발자국 소리에도
털썩, 빠질 것 같은
저 무른 단 잠

감잎은 소리 없이 발밑에 떨어지고
버스는 여전히 오지 않는다

한의원을 나오며

죽어서 덩어리가 된 것들은
어쩌다 내 몸에 잠시 살러 온 백일홍이다

평화당 한의원에서 죽은피를 뽑는다
멍 든 자리에서 나비 날개가 돋는다

절뚝절뚝 돌아오는 길에
동생 기일에 오느냐고 엄마의 전화가 온다

명치끝에 꼭 박힌 주검, 뽑을 수 없나
가시오가피 같은 침으로

눈구름이 저녁 하늘을
천막처럼 빠르게 덮고 있다

능소화 2

경로당 할매들 둥글게 둥글게
십원 내기 화투를 친다
손 우물 속에
꾹꾹 눌러 움켜쥔 꽃패

성미 할매 청단을 부른다
싸라 싸! 목소리 올라가는 민수 할매
5월 난초를 내고
짝 없는 패에 엉덩이를 들썩거리고
이 자리 귀신 붙었냐
자리 바꿔 바꿔!

아무리 꽉 잡고 있어도
술술 잘도 빠져나가는 열두 달
아끼던 3월 홍단을 내주고 흑싸리를 가져오고
옆 사람 패를 힐끔힐끔

능소화 줄기마다 노을의 방이 생기고
화투 패 속에서 온종일 클클~
피고 지는 할매들
피라도 많이만 붙어라 붙어

꽈리가 익는다

한 발 한 발 다가온다
먹이를 놓아 주자 명자나무로 숨어드는 길고양이
저 버릇으로 길도 집도 지나왔겠지

명자꽃 다 졌는데
장마는 시작됐는데
흔들리는 수숫대에서도 울음소리만 들린다
오래 말라가는 생선뼈

풀밭으로 기울어지는 달그림자
고양이는 발 하나를 잃고 돌아왔다

달빛 아래서 길게 운다
누군가를 떠나보낸 마음, 평생 절룩이겠지

밭둑에 꽈리가 익는다
저 울음 속에 떠 있는 붉은 눈

산수유떡국

밤새 봄눈이 왔다
꽃망울 터트린 산수유나무는
계란 고명 소복소복 얹은 떡국 한상차림이다

새떼가 날아오른다
제사상 앞에서 늘 절을 빨리하던 동생
이젠 온 가족의 차례 상을 받는다

너는 성장을 멈춘 나무
어느 계절을 나고 있는지 모르는데
우린 나이 차이가 점점 많아지고
난 구름의 복병 같은 봄눈 속에서
꽃가지를 잡고 사진을 찍는다

셔터 소리와 함께 날아가는 너의 웃음소리
눈가루에 날린다

틈새

벌건 얼굴로 맞붙어 있다
연탄구멍을 맞추듯 살아왔다는 여자
하우스에서 장미는 피어나고
부엌칼로 연탄불을 떼 내며 중얼거린다

차라리 꿈이라면 좋겠지
연탄불을 갈고 방문을 여는데
선희가 남편 옆에서 막 떨어지는 거야
사별하고 온 선희는 내 옆에서 자고 있었거든

불구멍이 어긋난 밤이었어
연탄불을 갈 때마다 생각났지
그때마다 남편은 말했어
사람 냄새 그리워 그러는 걸 어떡하냐고

참고 있던 숨길이 길다
단칸방이 세 칸이 돼도
칼로도 베어 낼 수 없는 동기간이라고
탁탁, 끼고 있던 토시로 바지를 턴다

불 냄새 너머 빈 들판을 바라보는
그녀 등 뒤로
갈아야 할 연탄이 까맣게 쌓여 있고

목련공원*

흙에서 겨울 뒤란 냄새가 난다
때 아닌 봄눈이 관을 둘러싸고
살풀이 춤사위가 이어진다

금세 피었다지는 목련처럼
보내는 일은
한없이 길고 짧다

화장장 가는 길, 눈 무덤 사이로
백합기단 쪽에서 아기가 운다
한 발 한 발 적셔오는 울음

소풍 왔다 가듯 하나 둘 돌아가는 사람들
눈은 기척도 없이 사라지고
아기 울음 끝을 따라오는 가랑비

만삭의 배를 닮은 무덤들
빗줄기에 살이 튼다

* 청주시 상당구 소재 공원묘지.

4부

신문

화르르 눈앞에 펼쳐지는 날개
신문은 팔색조다

새의 깃을 살피듯 행간을 읽는다
선 굵은 깃털은 많은 냄새를 감추고 있다
날개 밑에 숨긴 도시

지난 3일 아침 7시 40분께 광주광역시 광산구의 아파트 화단에서 대학생 정아무개(24 · 여)씨가 숨져 있는 것을 경비원이 발견했다. 정씨는 지난 3월 대학 유아교육과에 입학했으나 대학 등록금과 생활비 문제로 힘들어했던 것으로 알려졌다. 경찰 관계자는 "정씨의 아버지는 지병을 앓고 있고, 정씨의 어머니는 병원 청소원으로 일하고 있다"며 "정씨가 꿈을 이루기 위해 고교 졸업 뒤 뒤늦게 대학 유아교육학과에 입학했다가 가정환경 등에 지친 것으로 보인다"고 말했다-《12.4 한겨레신문》

새똥 냄새에 눈을 감는다
멀리 사각형의 하늘에 퍼지는 빗소리

뚱딴지

무덤가 밭둑에 핀 노란 꽃
바람에 흔들리네
작은돼지 승윤이 웃음을 닮았네

얼굴에 녹말가루 꽃 핀 엄마
막장 찍은 감자 호박잎에 쌈을 싸고
우린 고추장을 찍어 먹고
코에도 볼에도 고추장을 묻히고
설탕 찍어먹고 싶다며 떠들고

이 눔의 자식들아 철커덩~
설탕 값이 얼마나 비싼지 알아 철커덩~
우리는 신나게 신나게 욕을 먹으며 철커덩~
말대꾸 길게 길게 철커덩~ 철커덩~

무덤에 잡초를 뽑던 엄마
짓무른 눈가를 훔치네
멀리서 기적소리가
없는 동생 태우고 가네

청주의료원 502호

허리까지 내려온 링거 줄을 달고
그가 창가의 느티나무 분재를 본다
누런 잎을 달고 있는

마른 침을 삼킨다
잠시 일어서던 목 힘줄, 싸르락 싸르락
눈 내리는 소리

몸이 말라가는 속도보다 더
빨리 자라나는 손톱
느티나무 마른 가지 같은 손가락
이불 밖에서 서서히 식고 있다

하나 둘 잎이 말라간다
똑, 떨어지는 링거액

무허가 집 2

휘어진 늑골 한가운데
꽃 그림자 닮은 검은 집
CT 화면으로 본다

곰팡이에서 암세포로 커질 수도 있다는
의사의 말
식은 밥알처럼
명치끝에 걸려 흔들린다

병원 화단엔 붉은 달리아
긴 줄기 끝에
가느다란 오후가 달려있다

민들레 산업

빈 개집 지붕에 민들레가 피었다
흙먼지에 뿌리를 내려
노랗게 불을 켰다
지난 해 문을 닫은 공장에 스위치를 올리듯

기계소리 멈추자
고양이조차도 얼씬 하지 않더라며
공장장 김씨 푸석푸석
먼지 쌓인 문을 쓸어내린다

곧 먼곳으로부터
봄비 소식이 올 거라며
홀씨 같은 웃음을 짓는다

모란꽃, 달다

지는 꽃잎의 무게 얼마나 될까
모란 꽃잎 주워 저울 위에 놓아본다
미동도 없는 바늘

나도 저울에 올라 서 본다
바늘 끝이 크게 떨리며 쭉 멀어진다
슬쩍 한 발을 내려 보지만
한 칸의 눈금도 움직이지 않는다

밤이면 역류하는 식도염을 내릴까
봄을 타 까슬까슬한 입맛을 내릴까
딱따구리가 벌레 잡는 편두통을 내릴까

어느새 저만치 가고 있는
꽃 그림자를 밟으며
검은고양이가 졸린 듯 지나가고

햇살을 차곡차곡 접으며 떨어진
저 꽃그늘 한 채
뒤뜰까지 환하다

시차

한밤중에 부음이 온다
봄 냉해처럼 스며들어 졸음을 거둬간다
오래전 그가 보낸 동영상을 열어본다

낚시 바늘에 꿰인 붕어
숨 가쁘게 아가미가 뛰는데
뻐끔뻐끔
아이 목소리로 붕어 흉내를 내며 웃는다

—해가 지고 있어
—어린이날 아이는 없고 혼자 낚시하러 왔어…

그의 등 뒤에서 저녁놀이 물드는 저수지
아가미 닮은 잔물결이
붉은 지느러미를 떨고 있다

먹벙이순대집에서

회사에서 짤렸다고
딸내미가 보름째 안 들어왔다고
팽씨가 순대와 곱창과 소주를 시켜놓고 중얼거린다
식은 순대 국을 후후 불며 자꾸 휴대폰을 본다
곱창처럼 구불구불한
혼잣말 속으로 쓴 소주만 털어 넣고

주방엔
돼지기름 엉겨 붙은
숟가락 한 솥 삶아 낸 아저씨가
바구니 한 번 흔들 때마다
칭칭칭~
한숨 같이 뜨거운 김
울먹이는 팽씨 어깨 위에도
칭칭칭~
唱 한 자락을 얹어준다

창밖엔
밥알처럼 희끗희끗 날리던 눈발
골목을 지우며 쏟아진다
그 놈들 발자국만 보면 다 알지 다 알어
눈밭에서 토끼몰이하던 옛일을 중얼거리는 팽씨

눈길에 딸내미 발자국이라도 찍히지 않을까
토끼처럼 빨개진 눈에도 함박눈이 쏟아지고

오래된 걸음마

상당공원 앞 건널목
8 7 6… 깜박거리는 녹색신호
빈 유모차를 밀고 가는 할머니

저 발걸음
아기였구나, 한 발 한 발
가을볕 속을 걸어가는 할머니

이우는 노을에 고요해진다
굽은 등을 부드럽게 어루만지는
석양빛 알갱이들

은행잎 떨어지는 공원 뒷길로
느릿느릿 멀어지는
유모차 노란 바퀴소리

봄날은 간다

저수지 건너편 둑에서 하얀 티셔츠의 여자
물속으로 들어간다
벚나무 그늘이 하나 둘 일어선다

물결은 햇살을 업고 점점 멀어지고
꽃잎들 내려와 물의 살갗을 더듬는다

둑에 남은 그녀의 발자국이
풀뿌리를 움켜잡고 있다
롤러스케이트를 타는 아이들 빠르게 지나가고

사진 찍는 사람들 뒤로
그녀의 티셔츠 닮은 구름이 흘러든다
누가 피자를 시킨 건지
오토바이가 부르릉 다가오고

곰취

빼곡한 꽃잎 위로 새소리 내린다

작고 여린 이파리들 잘려나가고
굳게 다문 입술
햇볕에 가늘게 말라간다

말할 수 없는 것들
기억할 수 없는 시간들

노란 꽃대 돋우고
느리게 느리게 얼굴을 지운다

뿌리혹박테리아

비가 내린다
뼈가 빠져나간 터를 황톳물이 쓸고 간다
허공에 수의를 짜는 빗줄기

할머니 산소가 있던 자리에
아카시아 뿌리가 지난다

골지고 뭉쳐진 손가락
마을 어귀까지 내 손을 잡아주러 오던

웅덩이에 그림자를 떨어뜨리고
새들이 빠르게 날아간다
뿌리 끝에서 또 다른 뿌리로

14너 478234

저녁 밭두렁에서 산비둘기가 운다
회색 빛깔의 저 소리
천천히 걸어서 온다

드문드문 지기 시작하는
찔레꽃 덤불 사이로

낮달이 안을 들여다본다
번개탄은 잿빛 얼굴로 주저앉아 있고
그가 어두운 빈방에 이불처럼
웅크리고 있다
의자 사이로 곰인형의 발이 보인다

공중엔 오래된 얼룩 하나
잿빛으로 깊어지고
구우욱 구우욱
점점 짙게 스며나오는 비 그림자

엄마의 핸드백

엄마의 팔순 선물로 핸드백을 고른다

크면 짐 된다
예식장 갈 때 봉투 하나만 넣으면 돼

약도 넣고 돋보기랑 손수건도 넣어야지
큰 것 조금 더 큰 것을 권하지만
그때마다 짐을 덜어내듯 손사래를 친다

이제 생일 챙기지 마라
이거면 죽을 때까지 쓰고도 남어

맨드라미 색 가방을 쓸어내리는 엄마
저 손은 오래도록
내 가슴에 물길을 만들겠지…

가랑잎 닮은 손길
햇살 한 줌 묻어난다

고슴도치선인장

성게처럼 가시를 꼿꼿이 안은 채
내 그림자 쪽으로 주저앉는다

햇살이 좋다고
화분의 방향을 바꿨다고 준 물은
흘러 어디로 가나
내 손등처럼 쪼글쪼글해지는 살갗은
어디로 몰려가나

흐린 날의 늪 같이
무르는 몸, 가시마다 물방울이 맺힐 것 같다
빛이 말라가는
뿌리 속 먼 모래 속에서
한 발짝도 건너오지 못하는 꽃의 시간

검은 비닐봉지에 담으며 손가락을 찔린다
따끔, 피멍울에 뿌리내리는 초저녁별들

쉐마미술관에서 만난 그녀

'사람을 찾습니다'
현관문에 붙어 있는 전단지 속 초록 스웨터여자
두 손을 모으고 있다
흰 머리카락이 더 많은 머리 퍼머가 많이 풀렸다

조금 벌린 입
먼 곳을 바라보는 눈길에
오후 네 시의 풍경이 어려 있다

노랗게 꽃망울 터트린 국화 화분엔
수채화 전시회리본이 걸려 있고

문이 닫히고 열릴 때마다
그녀는 멀어졌다 다시 돌아 온다

멀어졌다 돌아오고 다시 멀어진다

늦은 점심

오이 양파 상추 길게 늘여 놓고 여자는
잔치국수를 먹는다
후룩 후루룩
길들은 국수 가락처럼 딸려오고

어깨 맞댄 야채 바구니들
여자의 굽은 등을 닮았다
—이 오이 얼마예요
국숫발 얼른 잘라내고
양파 속 같이 환히 웃는다

손에서 놓지 못하는 분무기
햇볕에 말라가는 그녀의
손등 같은 상추에 연신 물을 뿌리고

슬쩍 밀어놓은 국수 그릇에
골목을 돌아온 오후
4시의 햇살이 물결친다

비 그친 잠시

흔들리는 시내버스 앞자리
누군가 잊어버리고 간 노란우산
살 하나 부러져있다

빗물에 흥건히 젖어있는
햇살에 말려도 늘
살과 살 사이에 녹이 쌓이는

나도 누가 깜박 두고 간
잿빛 우산은 아닐까

과적검문소를 지날 때
마음 속 짐이 울컥거린다

남겨진 우산 옆에 나를
가만히 내려놓고 온다

자꾸 뒤돌아보려는
자꾸 멈칫거리는

나무는 외롭지 않고 다만 단독했다*

허공이 붉어진다
깃발을 올리는 새소리

보색을 잃어버린 겨울은 바위처럼 묵묵했다
회오리바람 같은 외눈의 말들
가지와 가지에 올려놓는다

새떼가 날아간다
소리가 소리를 밀어낸 자리에
꽃창포 가득하다

몇 번에 걸쳐서 오는 봄
빗방울이 지붕을 울리며 언덕으로 흐른다

불쑥, 붉은 손을 내미는
벽오동

* 김훈『내 젊은 날의 숲』에서.

해설

삶과 죽음 사이에 꽃이 피고

양애경 시인 · 전 한국영상대 교수

삶과 죽음 사이에 꽃이 피고

양애경[1] 시인 · 전 한국영상대 교수

백순옥 시인의 시세계는 존재의 삶과 죽음, 그리고 그것을 품고 있는 공간으로 이루어져 있다. 그 공간은 작고 아름다우며 그 한 끝이 우주와 연결되어 있다. 그녀가 창조해 낸 이 세계에서, 삶과 죽음 사이에 꽃이 핀다고 그녀가 노래한다. 백순옥의 시를 읽고 있으면, 우리가 요즘 속해 있는 도시의 마천루, 이 복잡하고 혼란한 세상이 다 사라져버린다. 그리고 우리는 그녀가 만들어낸 소도시의 외곽마을 안으로 걸어 들어가게 된다. 예술가의 소명이 자신만의 세계의 창조라는 것을 감안하면 그녀는 확실히 재능이 뛰어난 예술가임이 분명하다.

그녀의 세계는 소박하다. 가족과 친지와 이웃, 그리고 그들을 둘러싼 마을의 풍경들. 내가, 혹은 가족이 아파서 병원에 갔을 때 옆 침대에 누운 사람들. 그녀가 꼼꼼이 바라보고 알뜰히 가꾸는 집과 동네와 그를 둘러싼 자연이 그녀

1) 시인 —1982년 《중앙일보》 신춘문예로 등단 —시힘 · 화요문학 동인 —전 한국영상대학교 교수.

의 전 세계이다. 그러나 이 시집을 읽으면 왠지, 이것이 인간이 속해있는 세계의 전부이며 이것이면 충분하다는 생각이 들게 된다.

사람은 태어나 성장하여 사회 속으로 들어간다. 학교와 직장으로 대표되는 사회생활이다. 그 속에서 한 구성원으로서 개미처럼 일하게 된다. 그러다 나이가 먹으면 다시 가족 속으로 돌아온다. 그러면 다시 자신을 둘러싼 전 세계가 가족, 이웃, 집과 정원, 병원, 산과 길 등이 된다. 이것이 인간의 삶의 가장 근원적인 환경이기 때문이다. 그래서, 집과 가족을 둘러싼 세상을 전세계全世界로 파악하는 백순옥의 시는, 인간의 가장 근원적인 풍경과 사연을 담고 있다고 할 수 있다.

1. 깊어지는 가족의 그늘

이 시집『깊어지는 집』의 전체적인 분위기는 약간 어둡고 애조를 띄고 있다. 가족의 와병과 죽음을 주 내용으로 담고 있기 때문이다. 투병 중인 아버지, 시인과 동갑내기인 이모의 부음訃音, 큰집 숙모의 부음, 그리고 가장 큰 상실감을 주는 것은 남동생의 부음이다.

눈 내리는 마당에
막장을 푼 미역국이 끓고 있었다
끓일수록 깊어지는 집

사나흘 눈이 내려 대관령은 고립되고

승윤이는 갔는데
눈발은 아흔 아홉 구비를 돌아서 오는
저녁기차 같다

작게 움츠러든
올케의 상복 입은 어깨

씨는 남겼는가
집안 어른들 소리 장국 냄새에 스미고

산그늘 속에서 올케는
하얀 달거리를 시작하고 있었다

—「대설 1 —깊어지는 집」 전문

시의 초입에 큰 눈이 내리고, 마당에는 솥에 앉힌 국이 끓고 있다. 상갓집이다. 노인이 세상을 뜨면 간혹 호상이라는 말도 나오게 마련이지만, 오늘의 주인공인 '승윤'은 여기 모인 사람들 중에 가장 젊은 축에 속하는 나이이다. 젊은 나이에 젊은 반려인 올케를 남기고 왜 그가 세상을 떠났는가는 이 작품 속에 나오지 않는다. 단지 남겨진 가족과 그들을 둘러싼 풍경을 담담히 기술하고 있을 뿐이다. 그런데 이 절제가 더욱 비극적인 상황을 돋보이게 한다. 며칠 동안 끊임없이 큰 눈이 내리고, 첩첩산중에 길마저 끊겼는데, 마당엔 상갓집의 국이 끓는다. 이것은 삶과 죽음 사이의 단절을 대비해 보여준다. 간 사람은 흔적이 없고, 살아 있는 사람은 삶을 이어가야 한다는 불문율이다. "끓일수록 깊어지는 집"이란 구절은, 이승과 저승의 단절을 더욱 깊어지게 한다.

집안 어른들은 "씨는 남겼는가"라고 작은 소리로 묻는다. 세상 떠난 젊은 사람이 후세는 남기고 갔는가 하는 걱정이다. 시원한 대답은 나오지 않는다.

출생 → 삶 → 죽음에 대한 명상은 백순옥 시인의 시의 중심을 이루고 있는데, 이러한 생의 순환에서 불임不姙은 번뇌의 근원이 된다. 백순옥 시인은 시 「뒷뚜루 댁」에서 아이를 갖지 못한 친척 여인의 일생을 다음과 같이 노래한다.

큰집 숙모는 늘 새댁이었어요
꽃잎 지듯 울곤 했어요

홀시아버지와 남편을 보내도록
마당 가득 뭉게구름 같은 목단만 가꿨어요

나무마다 태어나지도 않은 아기들
이름을 지어 줬어요

뒷뚜루 댁
혼자 죽은 지 삼일 만에 발견됐어요

식은 몸 위에
수의를 입히며 떨어지는 꽃잎들

숙모가 머물던 자리

햇살이 노란 꽃가루를 뿌려요

* 동해시 북평의 옛 이름.

—「뒷뚜루 댁」 전문

큰집 숙모인 「뒷뚜루댁」은 평생을 '새댁'으로 불린다. 아이를 갖지 못했기 때문이다. 아이를 낳으면 누구 엄마가 되었겠지만, 아이를 갖지 못했기에 그녀는 온전한 그 집 안주인으로 자리매김하지 못하고 나이가 먹어도 '새댁'에 머문다. 모성애가 충만한 기혼여성이 아이를 갖지 못한다는 것은, 지극한 슬픔이었을 것이다. 그래서 뒷뚜루댁은 정원 가득 '뭉게구름 같은 목단'을 가꾸며, 그 나무 한 그루마다 자신이 낳고 싶었던 아이들의 이름을 붙여준다. 그리고 마침내 가족을 보내고 혼자 남아 살던 집 정원에서 시신으로 발견된다. 불임이었던 여인의 슬프고도 아름다운 사연을 담은 이 시를 읽고 있으면, 마치 옛 동양미인의 초상화를 보는 것 같고, 일본 설화 겐지 모노가타리[2]의 세계를 보는 듯한 애잔하고 신비로운 느낌을 받게 된다.

사실, 백순옥 시인의 시의 특별한 장점은 이처럼 비극적인 가족사를 설화적 세계로 승화시키는 기법에 있다. 이 시집 속에서 우리는 시인의 가족이 맞닥뜨린 질병과 우환을 마주친다. 우리는 소중한 사람들을 잃을 위기에 처했을 때 최선을 다하여 함께 투쟁한다. 시 「들숨 날숨」, 「고욤나무가 있는 마당」, 「간병의 계절」, 「청주의료원 502호」 등에서

2) 겐지모노가타리源氏物語: 일본 11세기 초, 여류문인인 무라사키 시키부가 쓴 소설. 당대의 이상적 남성상인 히카루겐지光源氏를 주인공으로, 출생과 사랑, 시련, 영화와 죽음에 이르는 과정을 담고 있다.

그러한 투쟁을 볼 수 있다. 소중한 가족에게 닥친 노쇠와 질병의 영향력은 질기고 그악스럽다. 때문에 그와 맞싸우는 환자와 가족의 투쟁 또한 영웅적이다. 하지만 때로 죽음은 불가항력적이다.

그러한 과정을 거쳐 우리는 가족의 손을 놓친다. 시 「터널」에서는 시인과 동갑내기인 막내 이모의 장례식에 가는 가족의 모습이 보이고, 「대설 2」에서는 다시 동생 승윤의 모습이 보인다. 시 「대설 2」는 이러한 비극적 가족사를 집터와 연관하여 노래한다.

우리 집은 대장간이 있던 자리에 지어졌다
바람이 심하게 부는 날이면
마당가 돌무더기에서 망치소리가 들렸다
가끔 호미 얼굴의 눈백이 지나가고

승윤이는 부러진 팔에 쇠막대를 넣었다
점쟁이 말대로 이름을 바꿔 불렀지만
급성 뇌출혈로 쓰러졌다

돌 속에서 부러진 칼, 호미 끝이 나왔고
엄마의 눈물 섞인 혼잣말이
붉게 녹스는 집
마당으로 돌무더기 같은 함박눈이 내렸다

눈은 눈을 숨겼고
저녁8시의 어둠은 흰 까마귀가 되었다

동생 제사를 지내고 돌아오는 밤이면
차가운 바람 속에서 쇠 냄새가 난다
땅 땅
돌멩이들이 망치소리를 내며 따라온다
—「대설 2」 전문

강한 불과 쇠가 맞닿는 장소, 대장간은 터가 세다. 풍수지리설에 의하면, 탑이나 무덤, 절이나 신사, 사당이 있던 곳은 집터로 좋지 않으며 대장간이나 군영軍營터, 전쟁이 벌어졌던 싸움터도 좋지 않다고 한다. 집이란 우선 가족이 안전해야 하는데, 대장간도 무기나 연장을 만들기 위해 사람이 많이 드나들던 곳이기 때문이다.

과학적인 근거를 제시하기는 어렵겠지만, 가족에게 우환이 생길 때마다 가족이 터 잡고 산 집터가 불길하게 여겨진다. 쇠냄새, 녹슬다, 망치소리, 달구어진 돌멩이, 칼과 호미 등의 대장간에 얽힌 정교한 이미지들이, 우환이 많은 시인의 가족사를 운명적인 것으로, 하나의 전설로 형상화한다.

독자의 입장에서 볼 때, 이 시인이 비극을 받아들이는 방법은 아주 미학적美學的이다. 그 속에 담긴 존재론적인 사색도 돋보인다. 시 「목련공원」에서 시인은 장례식을 다음과 같이 정의한다. "금세 피었다 지는 목련처럼/ 보내는 일은 / 한없이 길고 짧다"고. 고인을 저 세상으로 마중하는 장례는 그와 함께 한 오랜 세월에 대한 긴 추억과, 의외로 짧고 사무적인 일처리가 동시에 이루어지는 현장이다. 이 아이

러니는 공원묘지가, 출생과 죽음이 한꺼번에 준비되는 장소라는 인식에서 온다. 같은 시 「목련공원」[3]의 마지막 연에서 시인은 "만삭의 배를 닮은 무덤들/ 빗줄기에 살이 튼다"라고 결말을 짓는데, 이는 우리가 살아가는 이승과 고인들이 가는 저승이 분리되어 있는 것이 아니라 한 공간 안에 존재한다는 깨달음을 말하고 있다고 느껴진다.

산 사람과 죽은 사람이 함께 존재하는 공간과 시간은 시 「칡넝쿨 가계도」에 잘 드러나 있다.

> 듬성듬성 남은 잎사귀
> 푸우 푸우
> 잠자는 아버지 숨소리를 낸다
>
> 밤을 지새운 턱수염 같이
> 거뭇거뭇한 휴일
> 죽은 승윤이가 걸어가던 골목 쪽으로 기운다
>
> 속눈썹이 긴 눈망울
> 담장엔 이끼 닮은 바람이 살고
> 아직도 어룽어룽 그림자가 지나간다
>
> — 「칡넝쿨 가계도」 부분

정원의 칡넝쿨 잎이 바람에 흔들리는 소리에 안쓰럽게 와병 중이신 아버지의 숨소리가 겹쳐지고, 담장에 흔들려 오는 사물의 그림자에 죽은 동생 승윤의 뒷모습이 겹쳐진다.

---

3) 목련공원은 청주시 상당구 소재의 공원묘지라 한다.

이승과 저승, 이곳과 저곳이 함께 섞이는 것은 오랜 시간을 같은 공간과 시간 속에 함께 해 온 가족에 대한 그리움 때문이다.

「대설 1」이 큰 눈이 내린 장례를 통해 이승과 저승으로의 단절을 노래했다면, 「칡넝쿨 가계도」는 다른 공간과 시간으로 분리된 가족이 추억을 통해 연결될 수 있음을 노래한다.

2. 이웃에 대한 연민

정이 많은 시인은 이웃에 대한 따스한 시선을 가졌다. 약하고 사연 많은 사람과 짐승에 대한 연민이 잘 나타나 있는 이 계열 작품들에서, 백순옥 시인은 사람과, 고양이 강아지 같은 동물을 종종 식물 이미지로 치환하여 표현한다. 시 「안녕, 소나무」에는 눈사태에 부러진 소나무가 등장하는데, 시인은 나이테가 드러난 이 소나무의 엉거주춤한 모습에서 "긴 줄의 이름표를 목에 달고 자주 집 앞에 나앉아 있던 영미엄마"를 떠올린다. 치매가 온 영미엄마는 딸의 이름까지 잊어버렸다. 가장 소중한 자식의 이름까지 잊어버린 상태로 지속되는 삶에는 어떠한 의미가 있는 것일까. 영미엄마는 모르는 별에 귀양살이 온 사람 같고, 딸인 영미는 과거의 엄마를 기억하기에 현재의 엄마를 보는 고통이 더 크다. 시 「양버즘나무를 읽다」에서는 병들어 링거병을 달고 있는 양버즘나무(플라타너스) 가로수가 비문증을 앓는 등 굽은 노인으로 치환된다. 아마도 시인은 여리고 병약한 존재들을 식물 이미지로 읽어내는 모양이다.

이 시집에는 고양이에 대한 시가 여러 편 눈에 띄는데, 소품이면서도 묘하게 매력적이다. 아마도 여린 목숨에 대한 시인의 애정이 잘 드러나 있기 때문일 것이다.

길고양이가
강아지 집에 새끼를 낳았다
털끝이라도 건드릴까 날 선 숨소리

엉겨있는 새끼 고양이들
작은 웅덩이 같다

죽은 새끼의 입을 핥아주는 어미 고양이
선홍빛 혓바닥에서 새어 나오는 물소리

물소리, 물소리

배롱나무 마른 가지에 작은 꽃이 피었다
반짝

나무를 타고 오르는
새끼 고양이 울음

—「곁이라는 말」 전문

백순옥 시인의 시의 특징을 잘 나타내주는 작품이다. 길고양이가 나름 안전하다 생각한 강아지집에 몸을 풀었지만, 경계심을 풀지 못한다. 영양이 좋지 않은 길고양이 어미가 낳은 새끼들은 이내 죽는다. 어미는 온 힘을 다하여 새끼들을 핥아준다. 마치 자신이 핥음으로써 새로운 생명의 물을 주고, 새끼들이 다시 살아날 것처럼. 시인도 응원한다. 그러자 배롱나무 마른 가지에 반짝 작은 꽃이 피고, 시인은 그것을 죽은 새끼 고양이의 환생으로 여긴다. 이처럼 출생 → 삶 → 죽음 → 환생으로 이어지는 사이클에서 동물은 식물으로 환치된다. 시의 제목인 '곁이라는 말'의 의미는 곁을 준다는 말, 즉, '사랑이라는 말'이 아닐까.

시 「꽈리가 익는다」에서, 새끼를 잃은 어미 고양이는 어디선가 발 하나를 잃고 돌아온다. 고양이가 달빛 아래서 길게 우는 소리를 들으며 시인은 생각한다. "누군가를 떠나보낸 마음, 평생 절룩이겠지"라고. 신체적인 불구보다 정서적인 불구, 정신적 트라우마가 더 서러움을 말하는 것 같다.

시 「젖을 떼다」에서는, 점점 커지는 비오는 소리를, 강제로 어미젖을 떼고 어미와 이별한 강아지의 절박한 울음소리로 치환한다. 새끼를 잃은 어미, 손발이 잘린 존재, 어미를 잃은 새끼. 이러한 제재를 통해 모성애, 이별, 죽음 같은 것들을 섬세하게 묘사하는 점에서 이 시인은 높은 경지에 도달해 있다.

시 「틈새」는 직설적인 서사와 세속적인 내용으로, 이 시인의 시 중 다소 튀어 보인다.

> 벌건 얼굴로 맞붙어 있다
> 연탄구멍을 맞추듯 살아왔다는 여자
> 하우스에서 장미는 피어나고

부엌칼로 연탄불을 떼 내며 중얼거린다

차라리 꿈이라면 좋겠지
연탄불을 갈고 방문을 여는데
선희가 남편 옆에서 막 떨어지는 거야
사별하고 온 선희는 내 옆에서 자고 있었거든

불구멍이 어긋난 밤이었어
연탄불을 갈 때마다 생각났지
그때마다 남편은 말했어
사람 냄새 그리워 그러는 걸 어떡하냐고
—「틈새」 부분

하우스에서 연탄불을 갈며 힘겨운 삶을 씩씩하게 살아낸 시 속의 이웃여자는, 부부가 사는 단칸방에 남편과 사별하고 온 어려운 형편의 여동생을 들인다. 그러다가 못 볼 꼴을 보고야 만다. 아래 위로 겹쳐진 연탄이 최고의 화력으로 탈 때는 떼어낼 수도 없이 붙어버린다. 부엌칼로 그 벌건 연탄을 내려치면서 여자는 '차라리 꿈이라면 좋았겠지'라고 중얼거린다. '사람냄새 그리워' 그런다는 말로 어찌 용서될 것인가. 어려운 동기간을 차마 내치지 못하는 마음과 남편을 내어주고야 말았던 그 황당함이 동시에 일어나는 부조리한 상황에서, 인간은 어떻게 마음의 균형을 유지할 것인가. 시의 말미, "그녀 등 뒤로/ 갈아야 할 연탄이 까맣게 쌓여 있고"라는 결말은 그럼에도 계속되어야 하는 이웃여자의 삶의 무게를 말하고 있는 것 같다.

이 시집 안의 세상에서도 삶의 무게는 만만치 않다. 다행히 시 '만두채반이 쌓이는 풍경'에서는 마음의 위안을 찾을 수 있을 것 같다. '현이네 만두집'의 남자주인은 손님이 없는 썰렁한 가게에서 종이학을 접듯 정성껏 만두를 빚는다. "밀가루처럼 날리는 딸아이 웃음소리와/ 묵은지에 두부를 으깬/ 붉은 살 속에 푸른 부추를 섞어" 그가 만두를 빚고 있는 이유는 가족을 위해 이 삶을 온전히 살아내야 한다는 결심이 서 있기 때문이다. 신앙과도 같은 이 사랑이 있는 한 이 가정은 흔들리지 않으리라. 그리고, 이 시대를 함께 살아가는 가족, 이웃, 자연에 대한 다정한 시선이 있는 한, 죽음을 늘 품고 있는 이 삶도 살아갈 만 할 것이다. 백순옥 시인이 하고 싶었던 것은 이러한 말이 아니었을까.

3. 삶과 죽음 사이에 꽃이 지고

생로병사, 아무도 피할 수 없는 과정이다. 사람마다 시간의 차이는 있으나 예외는 없다. 병은 누구에게나 찾아온다. 시인에게도 문제가 생긴다. 시 「무허가 집 1」에서 시인은 "내 늑골 한 가운데에도/ 작은 집이 생겼다/ 의사는 커서를 끌어와/ 빈 집 처마 밑에 줄을 긋는다"라고 술회한다. 담담한 어조이지만 어찌 두렵지 않으랴. 문제가 생긴 내 몸 안의 저 어딘가를 들여다보면, 마치 무허가집에 둥우리를 튼 새처럼 아찔하고 불안하다.

시 「심장초음파」는 시인 자신의 와병을 삶과 이별, 식물 이미지가 잘 어우러진 백순옥 시인 특유의 화법으로 쓴 시이다.

초음파 사진 속
우중충하게 가지 뻗은 단풍나무가 보인다
이파리가 없다

내가 걸친 환자용 가운엔
단추 하나가 없다
어제 검사 받은 사람
그 발소리를 따라 갔을까

창밖의 단풍나무 아래가 붉다
잎 하나 또 떨어진다
저 잎사귀 따라
단추는 단추는 어디로 가고 있을까

짝을 잃은 구멍에 손가락을 끼워 본다
겁먹고 부어 있는 가슴
손끝으로 울려온다
물관을 타고 오르는 물소리

—「심장 초음파」 전문

입원한 시인은 심장 초음파 진단을 받는다. 초음파 사진 속의 자신의 심장은 왠지 불완전하고 불안해 보인다. 그 때 시인은 자신이 입은 병원 가운 섶에 단추 하나가 없어졌음을 발견한다. 단추가 어디로 갔을까. 앞서 이 가운을 입었던 사람이 잃어버린 걸까? 단추가 하나 없다는 것은 '낙엽이 또 하나 떨어졌다는 것'처럼 허전하다. 잃어버린 것은 무엇일까. 심장 속의 꼭 있어야 할 어느 부분, 즉 건강일 수도 있고, 세상 떠난 혈육일 수도 있다. 상실감을 느끼며 자신의 "겁먹고 부어 있는 가슴"을 만지니, 생명의 물소리가 손끝을 울린다. 아직, 살아 있는 것이다. '나는 아직 살아 있다'는 깨우침이 위로가 되는 병실 풍경이다.

젊었을 때는 완벽해야 건강한 것이라고 생각했지만, 나이 들어가면서, 어딘가 아프더라도 몸을 살살 달래가며 사는 거라는 걸 알게 된다. 완벽하지도 완전하지도 않지만 열심히 살아가는 것. 자연이 준 수명을 다할 때까지 최선을 다해 살아보는 것, 이것이 삶이라는 것을 알게 되는 것이다. 나이 든 부모님은 물론이고, 나이 들어가는 자신도 그렇고, 더 젊은 사람들조차 그렇다. 이같은 일을 알고 있기에, 질병과 죽음 앞에서도 지은이는 담담한 어조로, 꽃과 잎이 피고 꽃과 잎이 떨어진다고 노래하고 있는가 보다.

깊은 밤 어디선가 진동 벨이 울린다
어두운 벽을 타고
한 잎 한 잎 떨어지는 소리

누군가 먼 어둠 속에서
전화기를 들고
빈 나무처럼 서 있을

저 소리, 오래오래 들은 적 있다
전화선 따라 둥글게 말려들어간
자주 앓아 목이 뜨겁던 말

진동 사이를 흘러간다

나무는 어둠 속에 저를 가두고
창밖으로 환하게 떨어진다
혼잣말 같은 꽃잎

—「살구꽃 지다」 전문

연결되지 않는 통화는 애절하다. 깊은 밤, 벨소리도 아니고 진동으로 울리는 신호음이 누군가를 애타게 찾는다. 아픈 가족에 대한 절박한 통보일 수 있다. 세상 떠났다는 기별일 수 있다. 받아들일 수 없는 사랑의 고백일 수도 있다. 전화선 저쪽에서 받지 않는 전화를 들고 연결되기를 기다리며 서 있는 사람이 있고, 전화선 이쪽에서 받고 싶어도 받지 못하는 사람이 있다. 그 배경에 살구나무가 있어 어둠 속에서 꽃잎을 함빡 떨어뜨린다. 시간적 배경은 한밤중인데 떨어지는 꽃잎은 "환하게" 떨어진다고 시인은 말한다.

어떤 쪽이든 이 시는 이별에 관한 시이다. 이승과 저승 사이로 나누어진 관계 같기도 하다. 소통이 끊어진 관계이지만 사이에 그리움이 놓여 있다. 어둡지만 황홀한 느낌이다.

나무와 꽃이 있는 정원은 백순옥 시인이 가장 즐겨 쓰는 배경이다. 왜 시인은 그다지도 꽃을 좋아할까? 필자는 이 글 첫 단락에서 백순옥 시인이 창조한 세계가 작다고 했다. 도시 외곽의 녹지가 많은 한적한 동네, 가족과 이웃, 병원이 있는 작은 사회가 이 시집을 이루는 세계다. 그 중에서도 시 「어두워질 때」가 보여주는 풍경이 가장 그녀답다고 할 수 있을 것 같다. 한창때가 지난 꽃잎이 바닥에 떨어져 깔려 있는 정원 풍경이다.

한창일 때 왔으면 참 좋았을 텐데
몇 번이나 꽃 이야기를 하는 친구
언제부터 어디까지가 한창일까
나뭇잎이 꽃잎이 줄다리기를 했을까
어느 한 쪽으로 자꾸 밀려가는지 끌려가는지
꽃길에 들면 자주 나를 잃어버리곤 한다
쯔-비 쯔-비 쯔쯔비
박새가 나무 둘레를 낮게 날아간다
길이 새소리에 묻힌다
돌아보면 달라지는 색깔

마른 꽃잎을 밟으며 우리는 말이 없고
먹물이 한지에 스미듯
주위가 더욱 짙어 진다
해지기전에 보지 못했던 먼 곳의 나무들이 보인다
같은 쪽을 보고 다른 꽃을 생각하고
같은 새소리를 듣고 다른 나무를 떠올린다
잠시 머무는 빛에
새소리가 점점 깊어진다
쯔-비 쯔-비 쯔쯔비

— 「어두워질 때」 전문

친구는 꽃이 한창 만발하였을 때 이곳에 오지 못하였음을 아쉬워한다. 하지만 시 속의 화자는 친구와 생각이 다르다.

꽃의 한창때라는 것이 따로 있는 것일까 하고 속으로 생각한다. 그녀는 꽃이 떨어져 바닥에 깔려 말라가는 이때가 좋다. 해가 지고 어스름이 깔려오자 남은 석양빛에 먼 곳의 나무들이 눈에 들어온다. 친구와 그녀는 '같은 쪽을 보고 다른 꽃을 생각하며', '같은 새소리를 듣고 다른 나무를 떠올린다'. 꽃이 만발한 정원이 좋은 사람과, 꽃이 거의 다 져가는 쇠락한 정원이 더 편안한 사람. 같은 시간과 공간에 있는 두 사람은 각기 자신만의 생각에 빠진 채 함께 머물러 있다. 왠지 기시감既視感이 느껴지는 풍경이다.

시인이 유독 꽃을 좋아하는 것은 꽃이 생명의 발현이기 때문인 것 같다. 식물의 생명력이 한 순간 가장 크게 뿜겨지는 것이 꽃이다. 그러기에 꽃은 출생이면서, 죽음과 가장 가까이 있는 것이기도 하다.

위에서 필자는 마음이 가는 대로 백순옥 시인의 시세계를 짚어 보았다. 백순옥 시인의 시집『깊어지는 집』에 담긴 작품들은 슬프고 아름답다. 그녀가 보는 세상이 슬프고 아름답기 때문이다. 그래서 그녀는 상실과 이별을 겪으면서도 담담하고 나직한 목소리로, 슬프고 아름다운 이 세상이 살아갈 만하다고 말하고 있는 것 같다.

백순옥

백순옥 시인은 강원도 동해에서 태어났고, 2011년『딩하돌하』여름호로 등단했으며, '여름강 동인'으로 활동하고 있다.
백순옥 시인의 첫 시집『깊어지는 집』에 담긴 작품들은 슬프고 아름답다. 그녀가 보는 세상이 슬프고 아름답기 때문이다. 그래서 그녀는 상실과 이별을 겪으면서도 담담하고 나직한 목소리로, 슬프고 아름다운 이 세상이 살아갈 만하다고 말하고 있는 것이다. 백순옥 시인은 그녀의 집과 가족을 둘러싼 세상을 전세계全世界로 파악하고 있고, 따라서 그녀의 시는 인간의 가장 근원적인 풍경과 사연을 담고 있다고 할 수 있다.

이메일 : 100-so@hanmail.net

백순옥 시집

깊어지는 집

발　행 2017년 7월 25일
지은이 백순옥
펴낸이 반송림
편집디자인 김지호
펴낸곳 도서출판 지혜
계간시전문지 애지
기획위원 반경환 이형권 황정산
주　소 34624 대전광역시 동구 선화로 203-1, 2층 도서출판 지혜 (삼성동)
전　화 042-625-1140
팩　스 042-627-1140
전자우편 ejisarang@hanmail.net
애지카페 cafe.daum.net/ejiliterature

ISBN : 979-11-5728-243-2 03810
값 9,000원